NOTES

52873888R00064

Made in the USA
Middletown, DE
22 November 2017